www.ingramcontent.com/pod-product-compliance
Lightning Source LLC
LaVergne TN
LVHW051011051026
849532LV00005B/1902
9798902890904

ہر چیز سے بڑا کیا ہے؟

(لامتناہی)

تیسرا اردو ایڈیشن

ڈیوڈ ای۔ مک ایڈمز

ڈیوڈ ای۔ مک ایڈمز کی دوسری کتابیں
دیکھنے کے لیے یہاں جائیں:
https://lifeisastoryproblem.
tripod.com/aauthor/
.urdu.html

بڑا کتنا بڑا ہے؟

کیا تم بڑے ہو؟

کیا تم چوہے کے پاس بڑے ہو؟

کیا تم ہاتھی کے پاس بڑے ہو؟

کون بڑا ہے، تم یا تمہارے ابو؟

کون بڑا ہے، تمہاری امی یا ایک گھر؟

کون بڑا ہے، ایک گھر یا ایک شہر؟

کون بڑا ہے، ایک شہر یا دنیا؟

کون بڑا ہے، دنیا یا شمسی نظام؟

کون بڑا ہے، شمسی نظام یا کہکشاں؟

ہر چیز سے بڑا کیا ہے؟

لامتناہی کا مطلب ہر چیز سے بڑا ہے۔

کیا تم ۵ تک گن سکتے ہو؟

کیا تم ۵ سے ایک زیادہ گن سکتے ہو؟ ٦، ۵ سے ایک زیادہ ہے۔

کیا تم ٦ سے ایک زیادہ گن سکتے ہو؟ ٦ سے ایک زیادہ ٧ ہے۔

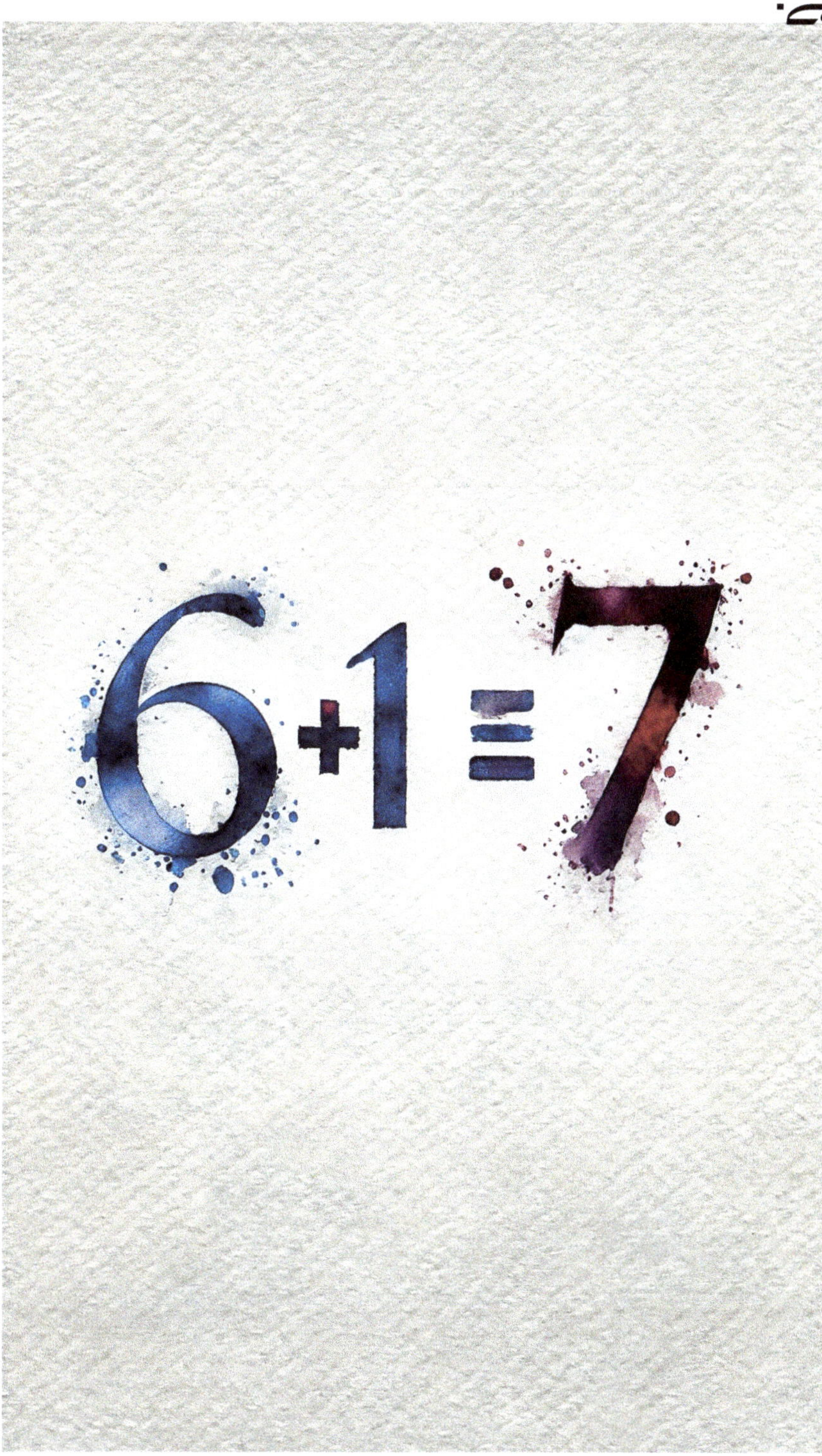

تم کسی بھی عدد سے ہمیشہ ۱ زیادہ گن سکتے ہو۔

رشمیدس نے کہا، "ہمیشہ ایک اور عدد ہوتا ہے۔"

کوئی آخری عدد نہیں، کیونکہ ہمیشہ ایک اور عدد ہوتا ہے۔

جب کوئی آخری عدد نہیں، تو اعداد لامتناہی ہیں۔

لامتناہی کا مطلب ہر اُس عدد سے زیادہ ہے جس کا تم تصور کر سکتے ہو۔

کیا تم اتنے کچھوؤں کا تصور کر سکتے ہو جو پوری دنیا کو ڈھانپ دیں؟ لامتناہی اس سے بھی زیادہ ہے۔

کیا تم تصور کر سکتے ہو کہ سو ارب کہکشاؤں میں کتنے ستارے ہوں گے؟ لامتناہی اس سے بھی زیادہ ہے۔

لامتناہی کا مطلب کسی بھی عدد سے زیادہ ہے۔

عملی سرگرمی

لامتناہی کتنی بڑی ہے؟

١.ایک کاغذ اور ایک پنسل لو۔ کاغذ پر ہندسے لکھنا شروع کرو۔

٢.ایک کاغذ پر تم کتنے ہندسے لکھ سکتے ہو؟

٣.ہر ہندسہ عدد کو بڑا کر دیتا ہے۔ اگر تم پورا دن کاغذ پر ہندسے لکھتے رہو تو کیا وہ لامتناہی ہو جائے گا؟

٤.تم جتنے بھی ہندسے لکھ لو، وہ لامتناہی نہیں بنے گا۔

لفاظ جو جاننا ضروری ہیں

بڑا: کسی معیار کے مقابلے میں بڑا

زیادہ بڑا: کسی چیز سے بڑا

لامحدود: ہر اُس چیز سے زیادہ یا بڑی جسے تم چن سکو، اور جس کا کوئی آخر نہ ہو

لامتناہی: کسی چیز کے ختم نہ ہونے کا خیال